Mil novecientos setenta sombreros

Pepitas de calabaza s. l.
Apartado de correos n.º 40
26080 Logroño (La Rioja, Spain)
pepitas@pepitas.net
www.pepitas.net

ISBN: 978-84-18998-60-7
Dep. legal: LR-505-2024

Primera edición, mayo de 2024

Aránzazu Riosalido
y Pepe Viyuela

Mil novecientos
setenta sombreros

«Los *clowns* recogen todos los
sombreros que la humanidad
tira, les cortan el ala, les
ponen una pluma de un
plumero, y se sirven de ellos
para una nueva temporada».

RAMÓN GÓMEZ DE LA SERNA
El circo

DESEO DE SER CIRCO

CONOCÍ A ARÁNZAZU RIOSALIDO hace unos años. Ella se había propuesto recuperar un texto singular, *Biografía del circo*, de Jaime de Armiñán, con la complicidad de Pepitas. Aránzazu tocó la puerta del Teatro Circo Price para compartir con nosotros y nosotras su hermoso empeño, y aquel día descubrí a una tenaz aventurera. Por eso no me extrañó que, tiempo después, me pidiera una reunión para proponerme una producción: un recuerdo de la historia del antiguo Circo Price, de cuya demolición se cumplirían cincuenta años en 2020. Su propuesta me pareció de lo más oportuna: yo misma había incluido en mi proyecto de dirección artística del Price una referencia a la efeméride, y a la importancia de una producción interdisciplinar para celebrarla. Café a café, llamada a llamada y reunión a reunión, Aránzazu daba forma a su sueño. Y cuando Pepe Viyuela dijo sí a participar en la dramaturgia y la interpretación, el sueño se volvió tangible. Ya tenía voz y mirada. Un equipo espléndido de autores profundamente comprometidos con el circo, cada uno desde una vivencia muy distinta, pero igualmente devota. Acordamos una fecha: el 14 de octubre de 2020 estrenaríamos nuestro espectáculo.

Pero aquella primavera se convirtió inesperadamente en un desafío a escala mundial: la pandemia de covid nos encerró en casa, suspendidos en la incertidumbre y la dificultad de imaginar una creación escénica atravesada por protocolos sanitarios. Pepe, Aránzazu y yo nos reuníamos por *zoom*, cada uno en su pequeña pantalla. Hablábamos de payasos, ventrílocuos, amazonas. Abril lavaba la calle con un aguacero incansable. Confieso que alguna vez, al recibir el borrador del texto, mientras en los balcones sonaban los aplausos de gratitud hacia el personal sanitario —y también caceroladas de protesta, según pasaba el tiempo—, me pregunté si en tan solo unos meses estaríamos en condiciones de estrenar una gran producción como aquella. Pasito a paso, colectivamente, preparamos la reapertura, y en septiembre empezaron los ensayos de aquel sueño que ya tenía nombre: *Mil novecientos setenta sombreros*. El 14 de octubre estrenamos ante un gran Circo Price de convocatoria inusualmente reducida. Los espectadores vinieron con mascarilla, guardaron la distancia de seguridad, se lavaron las manos con gel hidroalcohólico antes de entrar a la sala. Y encontraron el milagro de aquel trabajo tan cuidado por el director escénico, Hernán Gené, y un elenco memorable: actores, actrices, artistas de circo, músicos, y un ventrílocuo, Jaime Figueroa, que compuso con Pepe Viyuela una escena absolutamente inolvidable. Pepe, por supuesto, estuvo magistral como protagonista, con un tierno homenaje al payaso Charlie Rivel incluido.

Mil novecientos setenta sombreros fue una confirmación. Es fácil dudar de las artes escénicas en tiempos de abundancia. Sin embargo, cuando el miedo oprime, y la soledad pesa, y la pérdida amenaza, el circo todavía está allí. La imaginación responde. Todavía nos guía el deseo de acercarnos al otro. Y este encuentro, decisivo pero efímero, a veces vive una nueva metamorfosis: se convierte en papel. Gracias a la editorial Pepitas de Calabaza, de nuevo cómplices en la creación de una biblioteca circense, aquel sueño que tuvieron Aránzazu Riosalido y Pepe Viyuela está a punto de salir a pista otra vez. Abre esta cajita que tienes entre las manos, que va a empezar la función.

MARÍA FOLGUERA

PRESENTACIÓN

Esta es la historia de una niña que dejaba asomar su nariz entre las telas de un circo.

Es la historia de una niña que soñaba con subir a lo alto de un trapecio y volar sobre los sombreros. Soñaba con tragar fuego y lanzar cuchillos. Soñaba con andar cerca del cielo y hablar con las estrellas.

Es la historia de una niña que guardó su nariz y abrió su mirada. Un día, cuando la niña ya era una joven, se encontró con un sabio que conocía todos los cuentos: del trapecio, de la nariz, de las telas y entretelas, del circo; un Sherezade barbudo; un sabio que guardaba secretos escondidos entre letras. Unas letras que fue narrando a la joven poco a poco. Un crucigrama de nombres y anécdotas.

El sabio, como Sherezade, creaba cuentos que no acababan. La joven regresaba a la cita cada semana, como quien regresa a su infancia. Cada cuento, cada palabra guardaba un misterio. Cada acertijo tenía un nombre, un personaje. Cada cuento que descubría era una pequeña parte de un tesoro; un tesoro escondido desde hacía más de cincuenta años.

Ese tesoro tenía nombre propio, lomos, hojas, letras y, dentro, había magia, risas, malabares, equilibrios, fieras, música, sueños... La joven, a ratos niña, hizo suyos esos cuentos. Y con nueva tinta presentó *Biografía del circo* al mundo. Y así regresaron a su vida los personajes que había guardado en su nariz; un payaso augusto que tocaba la vihuela, un carablanca que fumaba pipa, una jefa de pista con aires de domadora y un mago que tenía por varita un lápiz.

El cuento creció, las palabras hablaron por sí mismas. La cabalgata de los personajes tomó vida propia. Dieron verdad y nombre a esta nueva historia.

MIL NOVECIENTOS SETENTA SOMBREROS

Mil novecientos setenta sombreros es además la historia de dos amigos que se encierran en un circo para escuchar las voces y descubrir las pisadas que se perdieron en otro siglo. Es la historia de un caballo y su jinete; de un caballo, su jinete y de un circo. Un circo que comenzó entre maderas y creció con ladrillos. Un circo con música, ópera, ballet, combates, leones y payasos. Un circo que se convirtió en cine por un día y en ministerio por toda una vida. También es la historia de un cronista de circo que, desde la casa de las Siete Chimeneas, homenajeó a este arte. De un payaso que, en un momento de sombras, sostuvo la carpa del circo y trajo esperanza. Es la historia de personajes fantásticos que fueron de carne y hueso. Y de unos músicos que nos arrastraron a un sueño para encontrarnos con todos ellos.

Mil novecientos setenta sombreros recoge el legado de un cuentacuentos y la historia de aquel sueño que rastreó la niña, con su nariz, entre las telas de un circo.

Aunque esta historia comenzó antes de que la niña tuviese nariz; comenzó con mis padres. Ellos me enseñaron a conocer los sentidos, a dar *sentido* a los sentidos; me enseñaron a observar, a escuchar, a oler, a saborear, a acariciar. A sentir.

Aprender a mirar: el circo es una amalgama de telas, tierras y serrines; paleta de rojos, ocres y blancos. Es lugar donde los colores hablan distintos idiomas y toman vida propia. Una imagen: la imagen de un rojo intenso junto a la plaza de toros de Las Ventas de Madrid, una imagen que yo veía de niña, día tras día, de camino a casa.

El circo de los muchachos se instaló en mi cabeza, ahora me doy cuenta de que esa carpa que miraba de niña ha sido la que ha coloreado mi imaginario estos años. Anunciaban que enseñaban artes circenses. Recuerdo que le decía a mi madre que yo quería aprender trapecio, y ella me hacía soñar con ello.

Aprender a escuchar: el circo es una verbena de ono-matopeyas —jajajaja, ohhhh, ahhhh—: carcajadas, asom-bros, sorpresas, el estruendo del silencio. Con el tiempo, otro circo fue recurrente en ese lugar, el circo ruso de Ángel Cristo. En un abrir y cerrar de oídos, la percusión de metales se alzaba y cubría el perímetro de la pista; un fuerte rugido escapaba entre los barrotes. 12, 14,... ¡16 tigresas! desafiaban la valentía de su domador. Asombroso. El circo ruso desapareció, y junto a este solar desierto acampaba un circo cada Navidad, el Gran Circo Mundial. Yo no era tan niña entonces... Con los números de trapecio volante escuché, por primera vez, el sonido del aire, de la emoción contenida, del silencio.

Aprender a rastrear: el circo aviva el sentido de la bestia que persigue a su presa, del hambriento de emociones, aviva el sentido del amor y el de la intuición. La huella que dejaron aquellas carpas se borró de la arena de Las Ventas. El olor a serrín desapareció de mi cabeza hasta que, años más tarde, regresó escondido entre letras y dibujos. Un sabio guardaba bajo su barba los archivos de Alfredo Marquerie; una pista hasta una cueva con olor a libro viejo. Así conocí la historia del circo en España hasta el año 1958.

Reedité *Biografía del circo* de Jaime de Armiñán con el sello de Pepitas en el año 2012.

Aprender a saborear: el circo estimula las papilas gustativas; cada sabor es parte del espectáculo: salado el au-

gusto y agrio el carablanca, amargo el riesgo, dulce la son- *risa de los artistas cuando presentan y despiden su número.* Al renacer, el sabio completó la vuelta a la pista. Los personajes que habitaban su libro se quedaron conmigo. Saboreé cada una de sus vidas mientras el trapecio se balanceaba sobre mi cabeza. Miss Mara, desde lo alto del *chapiteau*, me retó a escribir.

Aprender a acariciar: el circo es una mano abierta. En *las líneas de su palma hay teatro, música y danza. Es la* *mayor expresión de las artes escénicas.* El Price de la Plaza del Rey fue el templo del circo en Europa. El tiempo se llevó la arena de sus paredes y la memoria de sus artistas. Soñé con todos ellos y los teatralicé en mi cabeza, y entonces comprendí que, en los sueños, no hay razón hasta que nuestra piel los acaricia.

2020 lanzó al trapecio a aquella niña que tanto lo ansiaba y que, con equilibrios, tocó su sueño.

Mil novecientos setenta sombreros se estrenó en el Teatro Circo Price el 14 de octubre de 2020.

Aránzazu Riosalido

Sherezade barbudo es Jaime de Armiñán
Payaso augusto que tocaba la vihuela es Pepe Viyuela
Carablanca que fumaba pipa es Juanjo Cucalón
Jefa de pista con aires de domadora es María Folguera
Mago que tenía por varita un lápiz es Ángel Idígoras

EL CIRCO

Ensayo alucinado

«El circo es un ruedo diminuto
cercado de olvido».

Henry Miller,
«El payaso al pie de la escala».

«La matemática es el lenguaje en
el que Dios escribió el universo».

Galileo Galilei

EL CIRCO POSEE LA paradoja de presentársenos como un acontecimiento excepcional y, al mismo tiempo, como un hecho absolutamente cotidiano relacionado con nuestra necesidad de superación. La rutina diaria y los aspectos más esenciales de nuestra existencia conviven en el hecho circense. Se trata, por otra parte, de una actividad que nos ha acompañado desde que se dio a luz en nosotros la conciencia de estar vivos; desde que fuimos conscientes de que respirábamos y de que nuestro cuerpo servía para algo más que para cazar y recolectar; desde que descubrimos que poseemos y elaboramos sueños y deseos.

Cuando nos dimos cuenta de que son ellos, los sueños y los deseos, los que nos impulsan y permiten que superemos todas las dificultades y tropiezos, dibujamos un círculo en la arena y nos hicimos payasos, malabaristas, acróbatas y magos. Cuando las sociedades humanas empezaron a hacerse sedentarias y a establecerse en poblados, pueblos y ciudades, se puso en marcha la idea de la *troupe* viajera que emula nuestro pasado de seres nómadas.

La idea del circo viajó hasta nosotros desde el Olimpo, probablemente contenida en la misma llama que Prometeo arrebató a los dioses. En aquel fuego primigenio ardía nuestro deseo de superación y de conexión con lo divino, así como el ansia de mirar directamente a los ojos a esos dioses que se creían exclusivos poseedores del talento y el poder de crear. En aquella llama ardía nuestro deseo de vivir en plenitud, nuestro afán por convertir nuestra propia vida en una obra de arte que nos inundara de placer y provocara la admiración de los otros.

A través del circo, el ser humano contactó con la divinidad sin que le fuera necesario escapar ni prescindir de la tierra y el polvo del que provenía. A través del circo, mantuvo intacta su humanidad, pero se demostró a sí mismo que no estaba lejos de lo celestial y lo sagrado, que incluso era posible que donde habitara realmente lo divino fuera en su interior.

El artista de circo ha transitado desde entonces entre la arena de la pista y el cielo del trapecio, se eleva y desciende en el ascensor del entusiasmo, en un viaje bipolar que le acerca a la locura, le hace rozar la genialidad, al tiempo que su corazón no deja de latir y le sigue siendo necesario respirar.

La arena, esta tierra que pisamos y que acabará acogiéndonos un día, y el trapecio son la metáfora de nuestra doble querencia, ese desgarro entre el mundo terrenal y el celestial en el que nos debatimos de continuo.

Yo diría que la inmortalidad, esa gran promesa de las religiones, es el primer programa universal del circo, la gran oferta perseguida desde siempre por el ser humano: alcance el cielo en cómodos plazos de conducta circense; entrénese en el trapecio y ascenderá a las esferas celestes; su tiempo mundano se transformará, a través de la virtud y la disciplina del malabar, en pura eternidad. Ya que no podemos ser dioses, hagámonos artistas de circo y hasta ellos acabarán por envidiarnos.

El circo nos hace rozar con la punta de los dedos el cuerpo intangible de los dioses. A través de ellos, en la capilla sixtina de las carpas de circo se produce el contacto entre ellos y nosotros, la chispa que da paso a la historia, el génesis de todo lo que somos y, sobre todo, el trampolín de la esperanza hacia lo que anhelamos.

Gracias al circo sospechamos que hasta ellos, los dioses, aún quizá sin existir, nos envidian, y sentimos que muchas veces se asoman a la cúpula del circo para asistir de incógnito a esas tardes gloriosas en las que, entre olor a palomitas y riesgo de muerte, les invade una envidia por los artistas que no pueden con ella.

La excepcionalidad del circo radica también en el hecho de ser una disciplina artística, porque el arte es siempre algo excepcional, porque constituye una mirada sobre nosotros mismos, sobre lo que somos y lo que nos rodea. Con el arte nos vemos por dentro y asistimos a nuestros límites y a nuestras pasiones y dolores; pero al mismo tiempo, a través de él, nos trascendemos y alcanzamos el cenit de lo que ni siquiera sospechamos que somos capaces de alcanzar.

El circo basa el poder de su impacto en la sorpresa, en la capacidad para iluminar el espíritu y en que está dotado de Poesía, ese vuelo trascendente que nos secuestra de lo real y nos transporta a territorios espirituales y oníricos donde podemos imaginar y soñar mundos nuevos, formas de vivir alternativas, espacios en los que reunir el valor que necesitamos para seguir manteniendo firme la esperanza en un mundo mejor, en los que el ser humano no viva solo para el trabajo, la producción indiscriminada, la violencia o la intolerancia; sino que, además, sea capaz de imaginar y diseñar mundos donde la convivencia no esté basada en la competitividad, sino en la cooperación, en el abrazo y en el acto profunda y rotundamente gratuito, sin precio, y que es llevado a cabo por el sencillo «porque sí».

Para salir de ese lado oscuro que parece que cada vez ocupa más lugar en nuestras vidas, y atender al espacio luminoso que también poseemos, para eso ha estado el circo siempre entre nosotros. Él nos permite desarrollar las alas con las que trascender y sobrevolar el laberinto.

Somos conscientes del riesgo de ver esas alas arder en el ascenso, de que se deshagan al contacto con el sol, pero al ser, como ya hemos visto, herederos de Prometeo, somos incapaces de renunciar a buscar la trascendencia o de resignarnos a una vida exclusivamente pegada a la arena de la pista. Estamos necesitados de libertad tanto como lo estamos del aire que respiramos.

Sin embargo, el arte, y por supuesto el circo, no son cosas que debamos ir a buscar a territorios lejanos y desconocidos. El sentido de lo artístico nos habita, forma parte de nuestra condición, no es exclusivo de unos pocos elegidos, sino un don poseído por todos y cada uno de nosotros desde el momento en el que somos dados a luz.

El arte se encuentra presente en cada uno de los aspectos cotidianos del ser humano. Encontramos arte en el momento del nacimiento, en ese alumbramiento en el que sin saberlo, pero de una forma evidente, estamos llevando a cabo una tarea extraordinaria, pero que, por muchas veces que haya ocurrido a lo largo de la historia, nunca deja de ser sorprendente y bellísima.

Nacer, ser dados a luz, llegar al mundo, llorar en él, nunca sabremos si de miedo o de alegría —quizá un poco de ambas cosas—, nacer es ser arrojado a la arena de la pista, es ser expulsado desde la ausencia absoluta a la existencia miserable y derrotada, por estar dotada nuestra vida de fecha de caducidad.

El útero materno es la primera pista de circo desde la que damos nuestro inaugural y vital salto mortal hacia la nada. Y aquí estamos, de pronto, llorando a la plena luz del paritorio, un puro grito de angustia por el paraíso perdido al que anhelamos volver. Pero la función debe comenzar y la vida, a partir de entonces, será una sucesión de pruebas y ejercicios de destreza para aprender a sobrevivir y sostenernos en el trapecio de la existencia.

Debemos aprender a llegar hasta los otros por el invisible hilo del pensamiento y somos, por ello, adiestrados en el arte del lenguaje. A través de un durísimo entrenamiento, en el que confundimos sonidos, fonemas y significados, en nuestra mente vamos levantando un tropel de mástiles y cuerdas que nos permiten columpiarnos en la selva de los conceptos. Nuestra garganta es educada para emitir sonidos que hagan llegar a los oídos de los otros todos nuestros pensamientos.

Del mismo modo, aprendemos a movernos. Primero nuestras manos adquieren categoría de acróbatas y nos entretenemos desde la cuna viendo cómo vuelan, se mueven y hacen cabriolas ante nuestros ojos asombrados.

Poco a poco va llegando la época del gateo, en la que nos asemejamos a otros mamíferos cuadrúpedos. Pero, de pronto, un día, en un arriesgadísimo salto, las manos abandonan a los pies y ascienden a los cielos. Nuestros pies quedan convertidos en las bases de las columnas del edificio trashumante en que nos hemos convertido, mientras que las manos se dedican a lo etéreo, a la danza aérea, aprenden a sujetar y a hacer elevar con ellas todo el malabarismo de la vida. Incluso pueden llegar a convertirse en los ganchos perfectos que nos hacen subir de nuevo al árbol del que un buen día bajamos, o ayudarnos a trepar por riscos y cordajes.

Los marineros, trapecistas del mar, suben y bajan por las arboladuras amenazando convertirse en aves y desprenderse del barco, del mismo modo que nosotros al trepar a los árboles sentimos que casi nos nacen las alas que nos van a permitir alzar el vuelo.

No concebimos la vida sin el riesgo, sin el esfuerzo por mejorar, sin esa nobleza del hombre y la mujer enfrentados al abismo de la muerte mientras caminan sin red por el alambre del tiempo.

El circo nació el día en el que los humanos fueron conscientes de que estaban aquí, a este lado de la frontera, y vieron que estaba bien que hubiera luz en medio de las sombras del aburrimiento, el día en que encendieron la hoguera del talento y el esfuerzo y comenzaron a hacer malabares con sus horas, con el amor y el miedo a dejar de ser, a perderse en el misterio de la ausencia.

El circo debió nacer el día en el que el ser humano se dio cuenta de que vivir consiste en jugar con el más difícil todavía, hasta que suene la última nota; el día en el que la trashumancia dejó de ser un modo de buscar alimento para el cuerpo, y viajar empezó a convertirse en la razón de ser de la existencia, el eterno movimiento, el retorno constante a ningún lado partiendo de ningún lugar.

El ser humano inventó sus deidades porque necesitaba creer en trapecistas que ocuparan la cúpula del universo, y se sentó a mirarlos y creyó poder hacerlo a través de las estrellas, y empezó a levantar dólmenes, aquellos primeros circos. Para construirlos era necesario combinar la fuerza y el ingenio, ejercitarse en la técnica del equilibrio del hombre y de la piedra. Con aquellos dólmenes megalíticos honraban a aquellos que habían dado el último salto mortal que los llevaba a formar parte de la élite de los trapecistas celestes.

Los humanos construyeron, por ejemplo, Stonehenge a base de circunferencias concéntricas de piedra y le pusieron encima la cúpula del cielo, calcularon ángulos y elipses y entendieron que si ellos eran hijos de los dioses, su hijo más preciado era el círculo que los emparentaba con el disco solar y, al mismo tiempo, con el ombligo que todos portamos en el vientre.

Se situaron en el centro de aquellos círculos con el fin de que los dioses hicieran en ellos diana y les aportaran los sueños, cerraron los ojos y contemplaron que el universo no solo estaba fuera sino que les habitaba en las entrañas.

Mucho más tarde, griegos y romanos elevaron teatros y anfiteatros donde los hombres y las bestias medían sus fuerzas y derramaban su sangre. En el circo romano, de un modo salvaje y desbordado, el humano buscaba sentir el latido de la vida al lado de la muerte, el vértigo de la oscuridad agazapada en cada instante por venir.

Muchos siglos después, Galileo, Kepler y Copérnico, entre otros, nos hablaron de las esferas celestes y la danza de los astros, del carrusel de las estrellas y de su condición de cúpula en movimiento, y todos debieron sentirse entonces en el interior de una inmensa carpa celestial; parte de un espectáculo en el que había que inventarse la vida.

Las lentes de sus telescopios, igualmente circulares, les permitían acercar lo distante, observar con precisión lo lejano y difuso. Del mismo modo, la pista del circo nos acerca la esencia de lo humano y nos ofrece la posibilidad de conocer lo que a simple vista no vemos de nosotros, aquello que se encuentra oculto en nuestras habilidades, lo que parece mentira que un ser humano sea capaz de realizar.

Galileo y su telescopio nos acercaron la visión del mundo celeste y las pistas de circo nos conectan con nuestra esencia poética y luminosa, con esa parte de nosotros que nos permite mantener la esperanza en un mundo mejor.

Copérnico, por su parte, llevó a cabo una pirueta arriesgada que desafió al paradigma científico anterior, ese que consideraba a nuestro planeta el ombligo del universo en torno al cual giraban el resto de estrellas y planetas. Propuso un nuevo orden astronómico en el que fuera el sol quien ocupara el lugar alrededor del cual danzasen el resto de los astros.

La propuesta de este nuevo orden cosmológico que acababa con la inmovilidad de la tierra y la ponía en movimiento, no solo alrededor de sí misma, sino también girando alrededor del sol, supuso una revolución sin precedentes en el mundo científico, un triple salto mortal en la concepción que tenemos de nosotros mismos y del lugar que ocupamos en el universo. La danza de las estrellas cambiaba de eje, el nuevo baile de las esferas configuraba un nuevo modo de contemplarnos.

De revolutionibus orbium coelestium definía los movimientos de los astros como circulares, inmensas pistas de circo suspendidas en el cosmos. Posteriormente se vio que estas trayectorias eran elípticas, pero nuevamente el círculo en el que nos movíamos en este circo de múltiples pistas que constituye el sistema solar se volvía un concepto que nos hablaba de cómo se configura el cosmos y seguramente nuestro propio interior. El circo nos hablaba desde el espacio y era imposible no escuchar lo que decía.

Copérnico desplazó al ser humano del centro de la pista y nos convirtió en viajeros a bordo de un planeta que giraba a toda velocidad alrededor del sol, en equilibristas sobre una esfera gigante. Mejoró sin duda nuestro número y lo hizo más atractivo.

El propio dios, dueño del circo, resultó cuestionado, parecía que las Sagradas Escrituras, el gran programa de mano de la historia de la humanidad que se refería al alfa y al omega, al principio y al fin de los tiempos, desde el Génesis al Apocalipsis, no acababa de describir con exactitud el espectáculo.

Hasta lo más inamovible y sagrado vio crujir el suelo bajo sus pies, la inteligencia y la ciencia humana rompían los esquemas de la mitología y lo divino y lo único cierto parecía seguir siendo que las órbitas eran semejantes a la pista de los circos, donde la historia y el devenir de los tiempos se desarrolla dándonos sorpresas y vuelcos de corazón.

Acerquémonos ahora a la idea de los números. ¿Por qué se llaman *números* los números de circo? Confieso que no lo sé, pero es curioso.

En matemáticas hablamos de números complejos, reales, imaginarios, racionales e irracionales, enteros y naturales. El circo y las matemáticas podrían también estar unidos, al menos en lo que se refiere a la calidad y la cantidad de los números que albergan.

El rigor matemático parecería, en principio, estar reñido con la imagen trashumante y caótica que existe sobre el circo. Sin embargo, si nos paramos a pensarlo, enseguida nos damos cuenta de que en el circo no solo cabe la precisión exquisita y la exactitud, sino que, sin ella, se puede llegar a perder la vida.

La precisión necesaria del portor o del trapecista, que deben calcular su velocidad y el tiempo justo de su giro, su llegada exacta en el instante concreto para evitar la caída, es la expresión más práctica de la matemática que pueda imaginarse.

Podemos afirmar que el circo es la matemática en movimiento, que representa la incorporación de una ciencia formal abstracta repleta de axiomas y enrevesadas fórmulas al impulso del músculo y la necesidad de precisión, por ejemplo, del malabar, el lanzador de cuchillos, el trapecista o el funambulista.

Todos esos números, presentes en la pizarra móvil y poética del circo, mantienen su vínculo familiar con algo tan aparentemente lejano como es la ciencia en su estado más abstracto y simbólico.

Los números de circo son, por tanto, hijos de los matemáticos. En ellos se encierra el misterio de la cábala, han atrapado el poder de la sugerencia y la evocación de otros mundos posibles. El número matemático describe, desde su inmaterialidad, la materialidad del universo, mientras que el número circense, a partir de su poesía, reproduce nuestra posibilidad de volar desde la carne a lo espiritual.

Redoble de tambor. ¡Señoras y señores, con ustedes el número pi!

El número por excelencia del circo, y quizá de las matemáticas, es el número pi. Este número resulta ser el cociente de la longitud de la circunferencia (la de una pista de circo nos sirve) y su diámetro; y dado que se trata de un número infinito, precisa de un nombre corto y sonoro, rotundo e inolvidable.

El número pi es un número misterioso, irracional, porque no puede expresarse como cociente de dos números enteros; un prodigioso número que posee una expresión decimal infinita y que carece de repeticiones periódicas.

Todo esto lo relaciona intrínsecamente con los números representados en las pistas de circo, dado que nada hay más estrictamente irracional que un espectáculo de circo, donde todo parece nacer de la locura y de un concepto surrealista de la existencia.

En una sucesión infinita de decimales, el número pi no acaba de cerrarse, del mismo modo que los números de circo tampoco se acaban nunca, porque quedan impresos en la memoria del espectador y se andan repitiendo en el recuerdo, a veces más allá de la muerte de quien los llevó a cabo, e incluso pasan de generación en generación, de *troupe* en *troupe* y de espectador en espectador.

Volvemos a reír con el absurdo y la irracionalidad de los payasos aunque hayan pasado años desde que los vimos; seguimos sufriendo el mismo vértigo al recordar la pirueta del trapecista que el que sentimos en aquel instante en que su imagen entraba por nuestros ojos abiertos como platos.

Los números de un espectáculo circense son, por otra parte, difícilmente explicables fuera de la pista. Cuando, al salir de la función, intentamos contárselos a quien no ha tenido la fortuna de asistir a ella, nos sentimos incapaces de hacerlo. Y ello se debe a que esa sensación que nos lleva a sentir que volamos y que hemos escapado de las cadenas de lo cotidiano no es posible transmitirla verbalmente, por lo que solemos acabar diciendo: «Es que tienes que verlo».

El circo es un sueño común nacido de la vulnerabilidad y el sobrecogimiento ante lo que no es posible explicar con palabras, algo que va más allá de la literatura, que escapa de la expresión verbal y conecta con impulsos atávicos, con el movimiento y la danza, con la tensión del músculo y el miedo a acabar, a terminar, a caer del trapecio (otro elemento geométrico y mágico presente en el circo).

El número pi es también un número trascendente, porque no es la solución a ninguna ecuación algebraica. Del mismo modo, los números en el circo nunca ofrecen soluciones, sino solamente preguntas, convierten nuestra existencia en algo cardinal, crucial y culminante, precisamente porque nos llenan de dudas, de la inseguridad de quien se sabe siempre al borde del fracaso y, sin embargo, es capaz de dar un paso más en el alambre, de elevar una maza más en el aire, de dar otro salto mortal por encima de la finitud de la existencia, para provocarnos, con todas esas cosas, una cierta sensación de inmortalidad.

El número pi podría ser un embajador del ser humano, la tarjeta de presentación para otras posibles civilizaciones allende las fronteras de la galaxia, podríamos hacer llegar con él nuestra refinada y exquisita sofisticación intelectual más allá de las estrellas.

El número pi sería el gran número con el que presentaríamos nuestro talento a civilizaciones desconocidas, del mismo modo que un triple salto mortal expresa la sofisticación humana para aunar audacia, precisión y disciplina. Las sondas interestelares debieran llevar consigo, además de la presentación del número pi, una invitación para un espectáculo de circo.

Lo que se ejecuta en la arena de la pista escapa, como ya se ha dicho, de lo racional y entronca con lo atávico, lo instintivo, lo onírico, con lo más oculto y misterioso del ser humano, con la exposición del cuerpo a la dificultad y al riesgo, con la mirada dirigida directamente a los ojos de la muerte, con el miedo, el vértigo, el roce de las fronteras donde acaba lo posible y empieza el desafío y parece ser que también con la tabla de multiplicar.

La circunferencia de la pista encierra dentro de su cuerpo geométrico un número infinito e irracional de posibilidades para la sugerencia y la ensoñación, para ahondar en la infinitud del alma humana, en su capacidad de sacrificio y superación, en sus grandes facultades para la poesía y el vértigo.

La pista de circo es un pozo redondo desde cuya circularidad brota el agua de la vida y en el que podemos sumergirnos en las profundidades abisales de nuestro propio ser, en esa existencia frágil que se abisma hacia lo eterno, hacia ese ansia de eternidad que va más allá de la muerte y nos empuja a bucear en nosotros.

En el circo se nos da un tiempo para hacer nuestro número, en la vida también se nos da un tiempo para que la vivamos, para arriesgarnos a la caída y atrevernos a la siguiente pirueta, en la que también podría estar escondida la muerte.

Los CIRCOS parece que mueren, pero solo desaparecen para volver a reencarnarse en otros nuevos. En 1970 fue demolido el viejo Circo Price de la Plaza del Rey de Madrid, medio siglo después, celebramos la existencia de un nuevo Teatro Circo Price en la ciudad.

El renacimiento de un circo nos remite inevitablemente a la idea de la inmortalidad, así como a la capacidad del circo para luchar contra cualquier contratiempo y renacer de sus cenizas.

¿Y qué mejor modo de festejar la fortaleza del circo que hacerlo a través de una función que combine, como el propio nombre del Price, circo y teatro? Con *Mil novecientos setenta sombreros* hemos elaborado una propuesta escénica híbrida en la que ambos se dan la mano para seguir caminando juntos.

Hemos querido mostrar que la mirada hacia el pasado fortalece, que aquellos artistas que fueron referentes en su momento lo siguen siendo en el presente; que quienes pasaron por el antiguo Price, y con ellos todos los que forman parte de la historia del circo, no solo no son carne de nostalgia, sino que se han convertido en poderosas guías de futuro.

El circo bebe de su tradición y debe honrar lo que fue y ha sido siempre: un lugar para el esfuerzo, la convivencia, la superación, el arte y la belleza; pero, al mismo tiempo, no debemos olvidar a las generaciones de jóvenes que se acercan al circo para aportar su talento, esa savia nueva que es capaz de hacer que siga vivo. Hemos querido que pasado, presente y futuro formen parte de la función.

El circo nos ha hecho consciente de la importancia de enfrentarnos a nuestros límites y a nuestros miedos, y también de que aprender a superarlos es el mejor modo de mirar al futuro. El circo ha sido y es un espectáculo popular que fascina a todo tipo de públicos, pero también una constante fuente de inspiración para artistas y creadores, un lugar para el disfrute y la reflexión que debemos seguir apoyando. En el circo buscamos la confianza que necesitamos para enfrentarnos con sentido artístico a las dificultades y los retos de cada día.

Hemos creado un espectáculo que nos permite homenajear a todos aquellos que nos precedieron y que en su día portaron el testigo de una de las manifestaciones artísticas más completas y milenarias; pero al mismo tiempo queremos rendir tributo con esta función a todos aquellos que se han atrevido a recoger dicho testigo y que continúan manteniendo vivo el pulso del circo.

En este espectáculo llevamos a cabo una mirada hacia atrás, al tiempo que no queremos perder de vista lo que nos espera. La capacidad de supervivencia del circo demuestra que lo necesitamos a nuestro lado, que no podemos desprendernos de él a pesar de los cambios a los que nos somete el avance imparable de la historia.

El circo sigue más vivo que nunca, a pesar de los retos y las amenazas a las que nos vemos expuestos. O quizá sea precisamente a causa de esas amenazas por lo que sigamos necesitando tener el circo a nuestro lado.

La figura del payaso ocupa en *Mil novecientos setenta sombreros* un lugar destacado. En la función se presenta a un payaso con deseos de deserción, de abandonar el circo, porque ha perdido para él el valor que un día pudo tener. Asistimos al conflicto de un payaso desencantado que quiere dimitir de su condición y abandonar la carpa para no volver.

Nada puede resultar más desesperanzador que el hecho de que un personaje dedicado a despertar en los otros la esperanza la haya perdido por completo o considere su tarea como algo que ya no tiene ningún sentido.

Un payaso cansado de serlo simboliza y representa la más dura de las tragedias, la de aquel que no solo ha perdido la esperanza, sino que además ni siquiera piensa que merezca la pena intentar recuperarla, la de quien no solo arroja la toalla, sino que se arroja a sí mismo al pozo del nihilismo más absoluto con el fin de disolverse en la nada.

Si los payasos abandonan, el siguiente paso será la destrucción total de la alegría y, por tanto, de la esperanza. Una sociedad sin payasos, una sociedad sin capacidad de juego es una sociedad abocada a la violencia sin cuartel y a la autodestrucción.

El planeta necesita a los payasos para seguir sobreviviendo. Los payasos representan la capacidad de aceptar nuestros límites y reírnos de ellos, nos acercan a la posibilidad de interpretar el fracaso como una oportunidad y como algo que puede llegar a divertirnos; el payaso abre la puerta de esta jaula de hierro en la que la cultura del éxito nos encierra; el payaso es un ser que nos regala unas alas que aportan ligereza a nuestra existencia, haciéndola más soportable e incluso divertida.

Un payaso que abandona es un profeta que ha perdido la capacidad para prever y que solo se mira a sí mismo, olvidándose de la tribu que tanto necesita de su estupidez.

Los payasos, sacerdotes del ridículo y del absurdo, han acompañado siempre a la colectividad en las culturas más diversas y distantes. El arquetipo del payaso parece obedecer a una necesidad del subconsciente, una necesidad de supervivencia, el método que hemos tenido los humanos para soportar nuestra brutalidad y nuestra capacidad de autodestrucción.

Por eso, en tiempos tan convulsos y difíciles, con pandemias, inflaciones, guerras, migraciones, cambios climáticos, hambrunas, polarizaciones ideológicas, intransigencia, violencia indiscriminada seguimos necesitando tanto los circos y los payasos.

PEPE VIYUELA
Payaso perdido

PRESENTACIÓN
DE LOS PERSONAJES
Ángel Idígoras

CHARLIE RIVEL
(1896-1983)

Todos los Rivel se dedicaron al circo. Pere, desde el trapecio, y M.ª Luisa, desde el alambre, se enamoraron en las alturas y, cuando bajaron, tuvieron hijos payasos. Uno de esos hijos, Josep, les salió con la nariz cuadrada y respondón. Al crecer, dejó la *troupe* para comenzar su carrera en solitario y decidió homenajear a Charlot a través de su nombre artístico. Su personaje era un niño en cuerpo de hombre que lloraba mientras apuntaba a la luna y para el que subir a una silla era casi hacer alpinismo. Una leyenda de la ternura, un poeta de la risa que dejó las huellas de sus zapatones en el serrín de las pistas de todo el planeta.

Arturo Castilla
(1916-1996)

—¿Qué le dijo el cura al monaguillo?

—No abras tanto la boca que se te agita la campanilla.

Con este tipo de chascarrillos los Hermanos Cape, que ni se apellidaban Cape ni eran hermanos, alcanzaron fama mundial. Uno de esos cuatro payasos era Arturo Castilla, que quiso combatir las miserias de la época con la risa. Dijo adiós a sus amigos cuando estos marcharon a América porque un sueño no le dejaba dormir: cubrir España con una carpa de circo para que todos la disfrutaran. Primero, con el Circo Americano, que parecía americano de verdad. Allí, se asoció con Feijóo, junto al que más tarde coloreó Madrid con el Price, el más imposible todavía. La cuadratura del circo. Él siguió soñando incluso cuando un banco, cómo no, compró su circo.

Pinito del Oro
(1931-2017)

Hay nombres que son premonitorios. Imaginen si no a María Cristina del Pino Segura apoyada con la cabeza en el trapecio, haciendo el pino, y tan segura que nunca quiso la protección de la red. La canaria Pinito del Oro, en cuyo árbol genealógico se ataba la carpa, se subió al trapecio al fallecer su hermana y ya no se bajó hasta la última función del Price. Entre ambas fechas contempló desde las alturas los más importantes circos del mundo. Tres veces le venció la fuerza de la gravedad. Tres veces se superó a sí misma y a Newton para que los espectadores la buscaran, como a las otras estrellas, las del cielo, mirando hacia arriba.

DAJA-TARTO
(1904-1988)

El más estrambótico de los artistas españoles fue el conquense Gonzalo Mena Tortajada. Tras un fracasado intento de pasar a la historia como el torero Arenillas de Cuenca, vislumbró que su destino era el de ser fakir hindú. El nombre no fue problema, bailó las letras de su segundo apellido y encontró el menos manchego de Daja-Tarto. Empezó desayunando pequeñas piezas de metal, merendando cristales y cenando hormigón. Luego pasó a proezas como las de subir escaleras con sables como peldaños, enterrarse en el coso taurino mientras duraba la corrida —la muerte se frotaba las manos si se retrasaba el final del festejo— o incluso crucificarse en directo. Quien le vio en el Price quedó maravillado con este personaje, que bien podría haber sido imaginado por Sherezade.

Ramón Gómez de la Serna
(1888-1963)

Ramón tenía un circo por cerebro, sus pensamientos daban volatines y sus palabras, piruetas. Cada una de sus frases es una patada en la espinilla a lo convencional, una zancadilla a lo académico. Sus libros son modernos treinta o cuarenta modas después de su muerte. Sus greguerías —metáfora más humor— son ventanas abiertas para que entre la brisa y, con ella, la posibilidad de que la vida imite al circo, el arte del que se enamoró y que le hizo subirse al trapecio en sus conferencias para que sus frases dieran saltos mortales sin red.

Felipe Moreno (1888-1966)

Todos los ventrílocuos son un poco dioses, insuflan vida.

El salmantino Felipe Moreno, que nació en 1888, fue una de estas pequeñas divinidades. Sus Adán y Eva fueron el muñeco Ciriaquito y el loro Kiko, que le acompañaron en toda su carrera, en especial en el Circo Price. A ninguno de los dos los expulsó jamás del paraíso de la pista.

Fue de Felipe la idea de convertir una mano en títere, introduciendo parte del pulgar bajo los otros cuatro dedos cerrados y moviéndolo arriba y abajo para convertir el hueco en boca. Unos ojos de mentira y una peluca diminuta y listo. Su hermano pequeño, el señor Wences, aprendió de él el oficio de dar vida a la madera y alcanzó la fama en Estados Unidos con este invento y con otros de su propia cosecha.

Felipe prefirió, a pesar de las ofertas, quedarse junto a su circo de toda la vida, donde se sentía querido. Visitaba las tabernas de Chueca, en sus tiempos muertos retrataba al óleo a sus colegas artistas de circo, practicaba el xilófon y el violín y trasnochaba con sus amigos de farándula mientras lucía su elegante porte, tan celebrado en aquel Madrid castizo.

Le sobrevivieron sus muñecos cuando partió al más allá en 1966. Para ellos, Felipe Moreno fue mitad Gepetto, mitad hada azul.

MATILDE DE FASSI
(1845-1918)

Jugando a las greguerías, la pista del circo es la esfera del reloj y el caballo con su amazona, la manecilla que gira sobre su circunferencia.

Matilde de Fassi fue marcando sobre su caballo el tiempo del circo en España.

Su vida es un cuento, su destino dictaba que sería una sencilla hortelana de Padua, donde nació a mediados del siglo xix, pero el destino también se lleva sus sorpresas. Hasta allí llegó Thomas Price en busca de artistas para el circo que se llamaba como él. Se encandiló con Matilde y su hermano Antonio. Los adoptó y les enseñó el arte de maravillar al público con acrobacias ecuestres.

Tras fallecer su hijo, el también jinete Carlos, Thomas contrató a la *troupe* del inglés William Parrish. Y así sigue el cuento: William se enamoró de nuestra *écuyère* y se casaron. La yegua de Parish y el caballo de Matilde hicieron lo mismo. Los cuatro se independizaron hasta que Thomas enfermó y regresaron para llevar las riendas, esta vez del circo.

Ellos trasladaron el Price a su legendaria ubicación en Plaza del Rey, donde permaneció hasta 1970. Hasta entonces hicieron casi de todo, desde atender la taquilla a seguir cabalgando alrededor del redondel de los artistas mientras desafiaban las leyes del equilibrio.

Al enviudar, Matilde se convirtió en empresaria y siguió dando cuerda al reloj del Price.

Murió a los 73 años. Ya había demostrado que los caballos blancos de Santiago pueden ser tan coloridos como las carpas del circo.

Mil novecientos
setenta sombreros

Ficha artística

Dirección artística y versión: Hernán Gené.
Dramaturgia: Pepe Viyuela y Aránzazu Riosalido.
Investigación e idea original: Aránzazu Riosalido.
Intérpretes: Juanjo Cucalón, Jaime Figueroa,
     Hernán Gené, Marta Larralde, Miguel
     Uribe, Pepe Viyuela.
Artistas de circo: Charo Amaya, Patricia García
     Carrasco, Javier González «Romero», Isa
     Belui, Coral Quiñones, Diego San Andrés
     «Totobi».
Números de circo:
     Zenaida Alcalde - Trapecio.
     Céline Bulteau - Cable.
     Jaime Figueroa - Ventriloquía.
     El Gran Othman - Equilibrio sobre sillas.
Composición musical y músicos en escena: Alberto
     Brenes, Raúl Márquez, David Sancho.

Producido por Teatro Circo Price (Ayuntamiento
     de Madrid).

Mil novecientos setenta sombreros se estrenó el 14 de
octubre de 2020.

Mientras la orquesta interpreta una pieza
melancólica que podría estar inspirada en El silencio
de Beethoven, *vemos a un payaso sentado ante un*
espejo desmaquillándose, cuando acaba de hacerlo se
levanta, coge una maleta y empieza a andar hacia la
salida. Antes de salir aparece el Jefe de pista.

Jefe de pista: ¿Dónde va?

Payaso: ¿Perdone?

Jefe de pista: ¿Se va?

Payaso: *(Mirando a la pista y a la grada)*. Esto ya no tiene sentido.

Jefe de pista: ¿Eso cree?

Payaso: Ya no hay lugar para nosotros. O quizá sea sencillamente que no puedo más. Estoy harto.

Jefe de pista: ¿Cree que es la primera vez que el circo ha tenido problemas?

Payaso: No empiece con eso, por favor. ¿Qué falta hace el circo?

Jefe de pista: El circo es muchas cosas.

Payaso: Eso es no decir nada. Y además, ¿quién es usted?

Continuando su camino.

JEFE DE PISTA: Espere.

*El JEFE DE PISTA hace un gesto a la orquesta y
cambia la música, que se vuelve animada. En
una pantalla blanca se proyectan sombras de
personajes mientras hacen sus ejercicios: forzudos,
funambulistas, malabaristas, acróbatas, alguien que
escupe fuego, un domador con su látigo, écuyères
sobre el caballo... Poco a poco van saliendo de detrás
de la pantalla y llenan el espacio. Se han convertido
en personajes de carne y hueso, en artistas de circo
que llevan a cabo un animado charivari. Al acabar,
se van todos menos el JEFE DE PISTA y el PAYASO. La
música también se detiene a una señal del JEFE DE
PISTA. Todo queda en silencio unos instantes.*

JEFE DE PISTA: ¿De verdad cree que no merece la pena
luchar por esto?

PAYASO: En el mundo pasan demasiadas cosas como
para que tengamos la más mínima importancia.
¿Quién tiene tiempo para defender el circo?

JEFE DE PISTA: Siempre ha sido el arte del más difícil
todavía.

PAYASO: Deje las frases hechas.

JEFE DE PISTA: Piense en ello. Empezamos en la calle, recorriendo caminos que tan pronto eran de barro como se transformaban en un polvo irrespirable, siempre hacía o mucho frío o mucho calor, llegábamos a pueblos donde actuábamos por poco dinero, hacíamos la función por lo que la gente podía ofrecer, a veces nos pagaban en especie: un poco de pan, una garrafa de vino, unas zanahorias, con suerte algo de carne... Y seguíamos buscando pueblos y plazas, descampados. Un día empezamos a contar con una carpa que montar y desmontar para hacer frente a la lluvia y al frío y unas gradas incómodas que se llenaban con los que querían soñar e ilusionarse un rato. Con gente a la que se le llenaban los ojos de circo y a quien ayudábamos a vivir. Eran tiempos difíciles, siempre lo han sido, pero no nos hemos rendido nunca.

PAYASO: Que sí, que esa historia me la sé. Muchas gracias, de verdad, pero no puedo más.

JEFE DE PISTA: ¿Por qué lo deja?

PAYASO: Porque estoy cansado de mirarme al espejo y ver una cara pintada. En mi rostro se ha dibujado siempre una sonrisa que en realidad no se corresponde con lo que hay detrás. Soy un hombre cansado que lleva una máscara. He decido quitármela. Eso es todo. Llámeme renegado, llámeme como prefiera, pero no quiero seguir viendo el mundo desde detrás de esa cara de imbécil.

JEFE DE PISTA: Un payaso que no cree en el circo es algo realmente trágico. ¿Me permite que intente convencerle?

PAYASO: No puede.

JEFE DE PISTA: ¡Mire el Circo Price! Ni más ni menos que el Price. Ha muerto varias veces, pero aquí sigue.

A una señal del JEFE DE PISTA la orquesta interpreta una fanfarria y aparece MATILDE DE FASSI montada en la silueta de un caballo.

PAYASO: ¿Quién es usted?

MATILDE: Matilde de Fassi, la hija adoptiva de Thomas Price.

PAYASO: Sí, claro, y yo soy Tonetti.

MATILDE: Es usted muy dueño de creerse lo que quiera. Trabajé como *écuyère* en el circo que fundó mi padre en 1853 en el paseo Recoletos. Era de madera, casi como este caballo, y acabó ardiendo por los cuatro costados. Pero él no se rindió y construyó otro circo nuevo en la Plaza del Rey, en el solar en el que antes habían estado el Circo Olímpico y el Teatro del Circo. Lo llamó Circo Price. También tuvo otros nombres. Los circos se regeneran, se rebautizan, nacen sobre los escombros de otros circos. El Price de 1880 duró hasta 1970 y hoy estamos en este que lleva el mismo nombre. ¿A qué le suena eso?

PAYASO: A ruina y demolición.

MATILDE: A mí, a esperanza. ¿Le parezco una loca? El circo a mí me hizo renacer, vivir otra vida. La pista es un espacio de libertad y usted lo sabe tan bien como yo. Mire, yo nací en la Italia de 1845, ¿se puede imaginar cuál era la situación de la mujer en aquella época? En muchas cosas siguen ustedes igual, pero ya entonces el circo nos presentaba de un modo revolucionario. Llegaba a la ciudad con una multitud de trapecistas, payasos, *écuyères*, malabaristas, con grandes felinos y animales salvajes de todo tipo, mucho antes de que existieran los zoológicos, y ofrecía un espectáculo que generaba una nueva visión, que rompía los moldes de lo cotidiano. El circo permitía que las mujeres nos viéramos a la misma altura que los hombres, rompía lo establecido, de modo que podíamos presentarnos ligeras de ropa y en trajes de lentejuelas, así como demostrar que éramos tan valientes y tan hábiles como cualquiera. En el circo la mujer no solamente inspira, no es solo musa, está al mismo nivel que el hombre, tiene su misma valentía y su misma destreza. Igual entramos en la jaula de los leones que nos subimos a un trapecio.

En el circo, las mujeres, además de dar la vida, se la juegan, se revindican.

PAYASO: ¿Está usted haciendo un alegato feminista?

MATILDE: Me duele que un payaso quiera desertar.

PAYASO: El circo no sirve para nada.

MATILDE: Parece mentira que usted diga eso. ¿Sabe lo que significaba para mí ir en pie sobre un caballo mientras veía entre el público a todos aquellos hombres que en la calle me miraban con sentimiento de superioridad y a los que yo, desde ahí arriba, desde mi caballo, veía como a pobres seres incapaces de hacerme sombra? Me respetaban porque me veían capaz de algo que nunca hubieran pensado que podría hacer una mujer, por hacer algo de lo que ellos eran incapaces. ¿Imagina lo que sentía cuando veía las caras de las niñas que me miraban con los ojos abiertos de par en par, lo que suponía saber que estaba ampliando su horizonte?

PAYASO: Pero...

MATILDE: Resista, no deje que le arrebaten la ilusión, siga cabalgando, no se rinda, payaso.

Sale cabalgando sobre su caballo.

JEFE DE PISTA: ¿Qué le ha parecido?

PAYASO: Muy bonito, lo que dice es precioso, pero ella misma, sea quien sea, sabe que por mucha ilusión que ponga en su discurso, hay cosas que no cambian. Además, habla de otro tiempo, las cosas han cambiado y yo tengo derecho a estar cansado.

JEFE DE PISTA: Claro que sí, somos libres de abandonar.

PAYASO: Adiós.

JEFE DE PISTA: Adiós.

El PAYASO vuelve a coger su maleta y se dispone a salir. El JEFE DE PISTA hace una seña al director de orquesta, que ataca un vals; en ese momento se ilumina el trapecio, en el que está sentado un hombre fumando en pipa. El trapecio va bajando lentamente hasta que sus pies tocan el suelo.

RAMÓN: ¡Buenas noches!

PAYASO: Buenas noches. ¿De dónde sale usted?

RAMÓN: Ah, sí, disculpe. Me llamo Ramón, Ramón Gómez de la Serna.

PAYASO: ¿Qué les pasa a todos hoy?

RAMÓN: Ha saltado la alarma.

PAYASO: ¿Cómo?

RAMÓN: Parece que hay un payaso que quiere tirar la toalla.

PAYASO: ¿Y eso le parece grave?

RAMÓN: Más de lo que se imagina.

PAYASO: ¿Usted también ha venido a hacer un discurso?

RAMÓN: Yo me dedico a escribir crónicas.

PAYASO: No sé de qué me habla.

RAMÓN: Crónicas del asesinato de la seriedad. En el circo la seriedad muere asesinada todos los días y yo intento contar por qué. Lo mío es observar.

PAYASO: ¿Por eso se sienta tan arriba?

RAMÓN: El verdadero sitio de un cronista está en la claraboya, ¡desde la alta cocorota del circo es desde donde ve también Dios el espectáculo!

PAYASO: ¿Se codea con Dios?

RAMÓN: Tenemos nuestras charlas.

PAYASO: ¿Y qué le dice? Parece usted mi psicoanalista.

RAMÓN: Algo hay de eso. Quien más noches de circo tenga en su haber será el primero en entrar en el reino de los cielos.

PAYASO: Dios se expresa con greguerías.

RAMÓN: No, esta es mía. Las greguerías forman parte de nosotros. Los payasos también tienen la cabeza llena de ellas.

PAYASO: Sáqueme una.

RAMÓN: Invéntesela.

PAYASO: ¿Yo?

RAMÓN: Diga algo que le guste.

PAYASO: Las chocolatinas.

RAMÓN: Y ahora diga: «Las chocolatinas son como...».

PAYASO: Las chocolatinas son como...

RAMÓN: Continúe.

PAYASO: No sé cómo acaba.

RAMÓN: Claro, porque tiene que inventársela.

PAYASO: ¿Y qué digo?

RAMÓN: Lo primero que se le ocurra.

PAYASO: Lo primero que se le ocurra.

RAMÓN: Repita conmigo: «Las chocolatinas son como...».

PAYASO: Las chocolatinas son como....

RAMÓN: Y ahora lo que se le ocurra.

PAYASO: Y ahora lo que se le ocurra.

RAMÓN: No, no...

PAYASO: No, no...

RAMÓN: Pare, pare, pare...

PAYASO: Pare, pare, pare...

RAMÓN: *(Ríen)*. Lo ve, es usted un payaso. Lo lleva escrito. No es tan fácil dejarlo.

PAYASO: No crea, uno se acaba cansando de ser tan poca cosa. Usted quería hacerme reír, muchas gracias, lo ha conseguido. Pero eso no basta, mi relación con el circo ya no es la que era.

RAMÓN: ¿Qué ha cambiado?

PAYASO: Estoy cansado, ya lo he dicho, ¿no me ha oído? Los tiempos cambian, y lo que un día tuvo sentido de pronto va y lo pierde. Lo que en otro tiempo era el mayor espectáculo del mundo se ha convertido en sinónimo de desbarajuste y de confusión. Ya hasta utilizan el circo para referirse al Parlamento.

RAMÓN: Sí, realmente eso resulta intolerable.

PAYASO: Se nos trata con desprecio.

RAMÓN: Es cierto que en esta pista se columpia lo divino y lo mortal. La vida y la muerte entran y salen constantemente. Bailan constantemente ante nuestros ojos, pero no es distinto de lo que pasa en cada momento en cualquier lugar.

PAYASO: No sé dónde quiere ir a parar.

RAMÓN: Mire, yo me fui de este mundo en 1963, pero quedaron mis libros y ellos me han permitido no morir nunca del todo. Los escritores no morimos mientras haya gente que se dedique a leernos.

PAYASO: La verdad es que se da un aire a Gómez de la Serna.

RAMÓN: Claro que sí.

PAYASO: Pero lamentablemente eso es...

RAMÓN: ¿Imposible? No lo crea. También el Price desapareció.

PAYASO: Sí, al de verdad se lo cargaron.

RAMÓN: ¿Al de verdad? ¿Este es de mentira?

PAYASO: Bueno, ya me entiende.

RAMÓN: No, no le entiendo.

PAYASO: Aquel Price era legendario.

RAMÓN: Por eso sigue latiendo hoy en este.

PAYASO: No se empeñe en hacer frases bonitas. Se cargaron aquel y se cargarán este.

RAMÓN: La vida es una sucesión interminable e intermitente de días y de noches.

PAYASO: No se empeñe en animarme. Para mí ya solo es de noche. Ni siquiera veo las estrellas.

RAMÓN: ¿Usted lo vio morir?

PAYASO: ¿El día?

RAMÓN: El viejo Price.

PAYASO: Claro, lo mataron delante de mis ojos.

RAMÓN: ¿Quiénes?

PAYASO: No lo sé, vinieron disfrazados, se llenaron los bolsillos, nos vaciaron el pecho y lo dejaron todo lleno de escombros.

RAMÓN: En ese mismo lugar construyeron el Ministerio de Cultura.

PAYASO: Para que vea usted la ironía. Desde entonces casi no nos han hecho caso. ¿Por qué hay gente capaz de matar a un circo?

RAMÓN: Seguramente porque no lo entienden.

PAYASO: Tampoco les gustamos nada los payasos.

RAMÓN: La risa es peligrosa. Acaba con el miedo. Gracias a él se hacen buenos negocios. *(Señalando la maleta del PAYASO)*. ¿Qué lleva ahí?

PAYASO: Recuerdos.

RAMÓN: ¿Pesan mucho?

PAYASO: No se lo imagina.

RAMÓN: ¿Podría verlos?

PAYASO: Se aburriría.

RAMÓN: Enséñeme alguno.

PAYASO: Me da un poco de miedo.

RAMÓN: ¿Por qué?

PAYASO: Asomarse al pasado da vértigo.

El PAYASO se dispone a abrir su maleta y enseñarle
el contenido a RAMÓN. Se le escurre entre las manos
y se le cae. La recoge, pero de su interior van cayendo
fotografías, carteles y otros documentos. Él se empeña
en recogerlo todo, pero es incapaz de hacerlo;
mientras lucha por ordenar unas cosas, otras caen en
una sucesión que podría no tener fin. De hecho, no lo
tendría si no fuera porque RAMÓN lo tranquiliza.

El PAYASO se desespera y se afana por
recomponer la maleta, pero esta y todo su contenido
han quedado esparcidos por el suelo de la pista: hay
también recortes de periódico, notas manuscritas,
toda una colección de recuerdos del viejo Price que
permanecerán ahí mientras dure la función.

PAYASO: Se ha desordenado un poco.

RAMÓN: El pasado se le escapa de las manos y eso le
crea inseguridad.

PAYASO: Deje de psicoanalizarme, oiga.

RAMÓN: Es usted, sin duda, un payaso muy torpe.

PAYASO: Eso decía mi madre. Vaya, ya salió la madre.
Me siento en terapia.

RAMÓN: Pero, ¿a que ya no tiene miedo?

PAYASO: Se me ha quitado un poco.

RAMÓN: El secreto de la vida es aprender a acabar con
    él.

PAYASO: ¿Aunque sea haciendo el payaso?

RAMÓN: Sobre todo haciendo el payaso. *(Silencio)*. ¿Por
    qué lo hizo?

PAYASO: ¿Convertirme en payaso? Por contagio. Vi uno
    y ya no se me fue de la cabeza.

RAMÓN: ¿Quién fue?

PAYASO: Charlie Rivel. Lo vi precisamente en el Price con
    su guitarra y su silla. Lo demás es fácil de imaginar.

RAMÓN: *(Cogiendo una foto del suelo)*. Mire, aquí lo tiene.

PAYASO: Conservo todavía una peluca y un traje como
    el suyo.

RAMÓN: No estaría mal despedirse hoy también de él.

PAYASO: ¿Esto forma parte de la terapia?

RAMÓN: Sea por última vez Charlie Rivel.

PAYASO: Hace mucho tiempo que no me visto así.

RAMÓN: Precisamente por eso.

El PAYASO *recoge el camisón rojo y la peluca y
se va vistiendo.*

PAYASO: Me da un poco de vergüenza. Esto lo hacía en
    la intimidad.

RAMÓN: Otros hablan catalán.

PAYASO: A ver si me acuerdo.

Mientras el PAYASO se va convirtiendo poco a poco
en Charlie Rivel, la orquesta le acompaña con una
música que en realidad sale del interior del PAYASO.
Después le vemos interpretar un fragmento de la
famosa actuación de Rivel con la silla y la guitarra.
Cuando acaba, RAMÓN se muestra entusiasmado.

RAMÓN: Señor Rivel, es un placer tenerlo aquí de nuevo.

El PAYASO/RIVEL se acerca a él sin hablar y
le da la mano.

RAMÓN: ¿Me permite hacerle unas preguntas? ¿Sabe usted que hoy está muriendo un payaso?

El PAYASO/RIVEL mira alrededor, al público,
a la pista, a la cúpula, y emite su aullido.

RAMÓN: Dice que se ha cansado del circo...
PAYASO/RIVEL: ¡¡¡¡Auuuuuuuuuuuuuu!!!!
RAMÓN: ... que no sirve para nada y que abandona.
PAYASO/RIVEL: ¡¡¡¡Auuuuuuuuuuuuuu!!!!
RAMÓN: Hay payasos muy flojos.

El PAYASO se da por aludido.

RAMÓN: ¿Usted vio morir al Price?

PAYASO/RIVEL: ¡¡¡¡Auuuu!!!!

RAMÓN: Ver morir a un circo es de las cosas más trágicas que se pueden ver.

El PAYASO/RIVEL se mueve por la pista. Con medias palabras, hablando como lo hacía Rivel, va señalando objetos, la orquesta, el público.

RAMÓN: «Sabremos que el circo ha muerto el día que el corazón del planeta empiece a pararse».

RAMÓN pone su oído en el suelo.

Hace tiempo que cuesta escucharle el corazón.

Saca un estetoscopio de su chaqueta y ausculta al mundo.

Arritmia, hipertensión global, polos fundidos, no pinta bien... ¿Dónde va el mundo sin payasos que crean en el poder del circo?

El PAYASO/RIVEL vuelve a darse por aludido y empieza a mirar enfadado a RAMÓN.

RAMÓN: Contésteme, ¿qué opinión tiene de los cobardes?

El PAYASO *abandona el juego. Se quita la ropa*
y la peluca.

PAYASO: Hasta aquí hemos llegado. Es usted un tramposo, deje de manipularme. ¿Quién se cree que es? No le conozco de nada, no le he pedido opinión. Por muy psicoanalista que sea no me va a convencer. He terminado. Toda su retórica está muy bien, la he leído muchas veces, pero no me gustan los sermones.

RAMÓN: Dicen que viajando hasta el origen... Permítame que le recete una función de circo a la semana. No tardará en notar que mejora. Cómprese un abono.

El JEFE DE PISTA *aparece de pronto, es evidente que ha estado escuchando y viendo todo lo que ha pasado.*

RAMÓN: Lo siento, está peor de lo que pensaba.

JEFE DE PISTA: Sí, ya lo veo, parece que tenemos un hueso duro de roer. Muchas gracias, Ramón. No se vaya muy lejos, no daremos el caso por perdido.

RAMÓN: De acuerdo, estaré por aquí por si me necesitan.

Sale.

JEFE DE PISTA: *(Al* PAYASO*)*. Lleva usted puesta la coraza.

El PAYASO *empieza a recoger sus cosas y a meterlas dentro de la maleta.*

PAYASO: No, señor, no llevo puesto nada, estoy completamente desnudo.

JEFE DE PISTA: Pero se lleva sus recuerdos.

PAYASO: Es lo que me queda.

JEFE DE PISTA: Tenga cuidado, podría ahogarse en ese océano.

PAYASO: Vaya tabarra que me está dando. *(Señalando las fotografías de los artistas que lleva en la maleta).* Los mejores ya no están. Mire, ¿le conoce?

Vemos proyectado en la pantalla el rostro o la figura de un faquir.

JEFE DE PISTA: Por supuesto.

PAYASO: Daja-Tarto. Le admiraba mucho, fue famosísimo y nadie le recuerda hoy. ¿De qué sirvió tanto talento?

JEFE DE PISTA: ¿Qué era lo que le gustaba de él?

PAYASO: Nada le hacía sufrir. Se clavara lo que se clavara no sentía dolor.

JEFE DE PISTA: Quizá lo único que hacía era disimularlo. Siempre se sufre, pero uno aprende a superarlo.

PAYASO: ¿Quiere dejar de darme lecciones?

JEFE DE PISTA: ¿Le gustaría hablar con él?

PAYASO: ¿Ya estamos otra vez? Claro que me gustaría, pero el pasado, por más que queramos, no puede volver. ¿Cree que me he tragado el cuento de que esos eran Gómez de la Serna y Matilde de Fassi?

JEFE DE PISTA: También ha venido Charlie Rivel.

PAYASO: ¡Era yo haciendo de él!

JEFE DE PISTA: ¿Está seguro? *(Silencio)*.

A una señal del JEFE DE PISTA *la orquesta interpreta una pieza oriental y por una de las escaleras de la grada desciende un hombre vestido de maharajá.*

PAYASO: Esto está empezando a ser ridículo.

JEFE DE PISTA: Ya sabe, el más difícil todavía. *(A DAJA-TARTO)*. Perdone que le haya hecho venir, a lo mejor estaba usted durmiendo.

DAJA-TARTO: No se preocupe, llevo durmiendo más de treinta años. Me hacía falta estirar las piernas.

JEFE DE PISTA: Señor Tarto, le presento...

PAYASO: ¡Basta! ¡Daja-Tarto está muerto! ¡Este señor no se le parece en nada!

DAJA-TARTO: Y a mucha honra.

JEFE DE PISTA: Le hemos hecho venir porque tenemos un caso de depresión aguda.

DAJA-TARTO: Todo lo que sea agudo me interesa.

JEFE DE PISTA: Se nos está muriendo un payaso.

DAJA-TARTO: Yo resucito todo, hasta payasos.

JEFE DE PISTA: Es precisamente lo que le está haciendo falta a este hombre. Les dejo un rato solos.

El JEFE DE PISTA sale. DAJA-TARTO saca de un bolsillo una botella y se pone a comerla.

DAJA-TARTO: ¿Gusta?

PAYASO: No, gracias, una vez chupé un as de espadas y me sentó fatal.

DAJA-TARTO: Eso es un chiste de Jardiel, ¿verdad?

PAYASO: Otro grande que también se fue.

DAJA-TARTO: Acabo de estar con él, le manda recuerdos.

PAYASO: Por favor, deje ya esas bromas.

DAJA-TARTO: No es ninguna broma. Todo lo que muere renace. Yo me clavo agujas y puñales, pero usted lleva clavado el pasado y le duele mucho: padece nostalgia punzante. Créame, no todo lo que fue fue mejor.

PAYASO: Soy así, ¿qué quiere que le haga?

Mirando una foto de DAJA-TARTO y leyendo el artículo sobre él que llevaba en la maleta.

DAJA-TARTO: ¿No se va?

PAYASO: Empiezo a sentir curiosidad. ¿Quién es el rubio ese tan pesado?

DAJA-TARTO: El jefe.

PAYASO: ¿De quién?

DAJA-TARTO: De pista.

PAYASO: ¿De qué pista?

DAJA-TARTO: Todas las pistas tienen un jefe. Este es el jefe de todas.

PAYASO: No lo había visto nunca.

DAJA-TARTO: Se deja ver poco.

PAYASO: ¿Por qué le molesta tanto que me vaya?

DAJA-TARTO: *(Cogiéndole el recorte de periódico).* Cuando debuté en el Price subía descalzo una escalera de sables, me enterraba vivo... Quería coger práctica. Ahora me gusta más resucitar.

PAYASO: Nadie se acuerda ya de Daja-Tarto.

DAJA-TARTO: Eso es lo que usted dice.

PAYASO: Pregunte en cualquier sitio y lo verá.

DAJA-TARTO: Quizá no recuerden mi nombre, pero al entrar a cualquier circo uno se encuentra no solo con mi presencia sino con la de todos los que hemos sido. La historia es una aguja que nos va cosiendo a todos.

PAYASO: ¿No le duele el olvido?

DAJA-TARTO: A mí no me duele nada.

PAYASO: Sí, eso es lo que más me gustaba de usted. ¿De verdad no le dolía?

DAJA-TARTO: En los cuarenta lo que me dolía era España.

PAYASO: ¿Por eso se hizo faquir?

DAJA-TARTO: Supongo que para aprender a sufrir y a lidiar con el hambre. *Misterios de la India...*

PAYASO: ¿Era usted de la India?

DAJA-TARTO: No señor, era de Cuenca. *Misterios de la India* es un libro que leí por aquel entonces. Decía que los faquires eran una especie de pordioseros, que para ganarse la vida se dedicaban a estar todo el día sentados en una cama de pinchos o a tener el brazo levantado toda la vida... Eso del brazo pasaba mucho entonces. Sin embargo, todo eso lo vi muy pobretón, yo deseaba algo más espectacular, que tuviese garra, que la multitud pudiese quedarse medio asustada medio intrigada, y empecé a clavarme cosas, primero en las orejas, luego en las mejillas y, oiga usted, no sentía dolor...

PAYASO: Lo que daría yo por no sufrir.

DAJA-TARTO: De eso se trataba y de eso se trata, de aprender a soportar el dolor y tirar para adelante.

PAYASO: ¿Eso se aprende?

DAJA-TARTO: Por supuesto, ¿quiere que le enseñe a tragarse una antorcha encendida?

PAYASO: No es ese el dolor que más temo.

DAJA-TARTO saca un estilete.

DAJA-TARTO: ¿Y a meterse esto por la nariz?

PAYASO: Prefiero el dedo.

DAJA-TARTO: ¿A atravesarse la cara con una aguja? ¿A tragarse una cuchilla?

PAYASO: Trago cosas peores.

DAJA-TARTO: ¿Qué es lo que le duele?

PAYASO: Me duele lo poco que importa a la gente esta utopía. Nos confunden con espejismos. Creen que somos solo una mentira más o menos bien contada. Hay mucha gente que va al circo buscando solo entretenimiento. No es que esté mal, pero pienso que aquí hablamos de otras cosas mucho más profundas. Yo siempre he pensado que el circo servía para volar, y quizá sea cierto, porque no dejan de dispararnos como si fuéramos patos. Me duele mucho el circo, señor Tarto.

DAJA-TARTO: ¿Y usted? ¿Siempre quiso ser payaso?

PAYASO: También quise ser domador.

DAJA-TARTO: ¿Payaso y domador?

PAYASO: De vez en cuando me enfado un poco. ¿Quiere verme?

DAJA-TARTO: Si no es peligroso...

PAYASO: A ver qué puedo hacer.

El PAYASO se enfada, no sabemos con quién ni por qué, pero dice cosas como «cagüen la mar salá», «como vaya yo», «que estoy mu loco», pero no da nada de miedo.

DAJA-TARTO: La verdad es que impone.

PAYASO: No me engañe, hombre.

DAJA-TARTO: ¿Por qué no lo intenta con tigres?

PAYASO: Ahora ya no se puede.

DAJA-TARTO: Ah, es verdad, han cambiado mucho las cosas. Habría que inventar algo para un nuevo número.

PAYASO: ¿Y si me meto en una jaula con tres inspectores de hacienda?

DAJA-TARTO: Demasiado riesgo.

PAYASO: Tiene razón.

DAJA-TARTO: Por el viejo Price pasaron los mejores: Vargas, Ivanoff, Noel...

PAYASO: A Pablo Noel pude llegar a verlo. Soñé que entraba en la jaula de sus leones, le abría la boca y metía mi cabeza dentro.

DAJA-TARTO: ¿Del león?

PAYASO: No, de Pablo Noel.

DAJA-TARTO: ¿Y qué pasaba?

PAYASO: Cuando la sacaba, la gente gritaba despavorida...

DAJA-TARTO: ¿Por qué?

PAYASO: Porque el domador se la había tragado. Después le daba la tos. Y yo pensaba... Bueno, pensar no pensaba mucho, porque sin cabeza no se puede pensar casi nada, pero tuve la corazonada de que podría triunfar como el hombre sin cabeza.

DAJA-TARTO: ¿Y?

PAYASO: Noel la escupió.

DAJA-TARTO: Y volvió a ponérsela, claro.

PAYASO: No, creo que la perdí para siempre.

DAJA-TARTO: ¿Y ahí acababa su sueño?

PAYASO: No, no, entonces empezaba lo mejor: me hacía domador de público. El público es la mayor bestia del mundo, es una fiera con miles de ojos y montones de bocas, el doble de ojos que de bocas suele tener; algunas bocas tienen dentaduras postizas, y otras, halitosis. Hay públicos con una mala leche de aúpa. Como el público tenga el día torcido, ni te aplaude ni nada, y se marcha a su casa enfadado y no te perdona en la vida. Con el público hay que tener mucho cuidado.

DAJA-TARTO: ¿Y en qué consistía su número? ¿Los encerraba?

PAYASO: No, no, al público hay que dejarlo que se exprese, pueden llegar a pedir hasta el libro de reclamaciones.

DAJA-TARTO: ¿Entonces?

PAYASO: Cogía una silla y les hacía aplaudir, les decía «venga arriba» y se levantaban, luego les ordenaba que se sentasen y se sentaban, les preguntaba cuántas son dos por dos y acertaban, y un día llegué a preguntarles cuántas eran siete por seis y contestaron bien, no todos, porque hay público muy bestia, pero casi todos.

El PAYASO toma una silla y hace su número con el público. Les dice hola y ellos contestan, que se levanten y se levantan (a lo mejor no todos, pero lo hacen), les ordena que se sienten y también le obedecen, les hace preguntas de cálculo matemático y los tíos van y se las saben. Hace salir a uno de ellos y le dice, látigo en mano, que se suba a la silla; cuando lo hace bien le da una galleta como premio, le pone la mano delante de la boca y se arriesga a que le muerda; silla en mano lo mantiene alejado de sí... Cuando termina de hacer su demostración, regala al espectador-fiera que le ha acompañado una caja con palomitas o un palo con algodón de azúcar.

DAJA-TARTO: Impresionante, nunca había visto algo así.
PAYASO: Pues se hace mucho.
DAJA-TARTO: ¿Ah, sí?
PAYASO: La doma de humanos se practica desde que el mundo es mundo. Yo mismo soy un payaso do-

mesticado. No hay sociedades protectoras de payasos.

Me ha gustado volver a mi sueño. Pero ya ve, se ha terminado. No soy tan valiente como usted, señor Tarto, nunca lo he sido. Lo ha intentado.

DAJA-TARTO: ¿Me está echando?

PAYASO: Están poniendo todos muy buena voluntad, pero no hay nada que hacer, de verdad.

Se pone a recoger sus cosas y a meterlas en la maleta. DAJA-TARTO se va. Vuelve a aparecer el JEFE DE PISTA.

JEFE DE PISTA: No voy a rendirme.

PAYASO: ¿Pero quién es usted?

JEFE DE PISTA: Ya le ha dicho Daja-Tarto que soy el Jefe de Pista.

PAYASO: ¿Está escuchando mis conversaciones?

JEFE DE PISTA: No puedo evitarlo. ¿Me permite que le haga un regalo?

La intensidad de la luz baja, solo se ilumina un trapecio en mitad de la pista, una mujer se acerca a él. El PAYASO y el JEFE DE PISTA se sientan para admirar el ejercicio.

Número de trapecio

Cuando acaba el número la trapecista sale.

PAYASO: Así era ella.

Recoge una de las fotografías.

JEFE DE PISTA: ¿Quién?
PAYASO: Ella.

En la pantalla vemos imágenes de la última actuación en el Price de Pinito del Oro. La música de la orquesta va creando la atmósfera que hace posible la aparición de la propia PINITO en traje de lentejuelas.
PINITO se acerca hasta ellos.

JEFE DE PISTA: ¡Señoras y señores, con ustedes Pinito del Oro!
PAYASO: Me gustaría ser capaz de creerlo.
JEFE DE PISTA: Solo depende de usted. Los dejo solos.

Sale.

PINITO: ¿Qué es eso de que abandonas?
PAYASO: Usted también lo hizo.
PINITO: No me trates de usted.

PAYASO: Es que no la conozco de nada.

PINITO: Naciste de mí.

PAYASO: En cierto modo, sí. Usted me alumbró.

PINITO: De tú.

PAYASO: Ah, sí, perdone. ¿Por qué te fuiste?

PINITO: Había llegado la hora de hacerlo.

PAYASO: Pues esta debe de ser la mía.

PINITO: Pero yo no me iba decepcionada.

PAYASO: Eso es cierto. Yo estaba allí la noche que se despidió.

PINITO: Lo sé.

PAYASO: Me sentí un poco abandonado.

PINITO: Solo entregaba un testigo.

PAYASO: ¿A quién?

PINITO: A ti.

PAYASO: Yo solo sentí dolor.

PINITO: Pero deseaste ser payaso. Me fui para hacer más grande al circo.

PAYASO: Te fuiste cuando estabas en lo más alto. Yo aprovecho ahora que estoy en lo más bajo.

PINITO: Deja de compadecerte.

PAYASO: El circo no es lo que era.

PINITO: Así no vas a ningún lado.

PAYASO: Nunca he ido a ningún lado, como el circo.

PINITO: El circo ha ido a todas partes, ha viajado por infinidad de caminos, por los corazones de millones de personas, por la historia, por el tiempo.

PAYASO: Me recuerda a mi madre. La sigo echando de menos.

PINITO: ¿A tu madre?

PAYASO: Y a ti. ¿Merece la pena jugarse la vida en un trapecio?

PINITO: La vida es juego.

PAYASO: ¿El circo también?

PINITO: Eres payaso, deberías saberlo.

PAYASO: ¿Por qué es tan difícil?

PINITO: Qué pesado eres. Espabílate y deja de quejarte. El circo no es fácil, no es un camino de rosas, hay que esforzarse, sentir el acoso del miedo, luchar contra la incomprensión, aprender a vivir en la incertidumbre.

PAYASO: Me daba miedo que pudieras morir cuando estabas ahí arriba...

PINITO: Por eso venías, por eso sentía yo que merecía la pena. La vida y el trapecio cobran sentido si uno tiene en cuenta a la muerte. Está bien mirarla directamente a los ojos

PAYASO: Los ojos de la muerte son un abismo.

El PAYASO se acerca hasta PINITO y le muestra una foto que ha recogido del suelo.

PAYASO: Yuki Naito. Se cayó.

Todo el público puede ver su rostro en la pantalla.

PINITO: Sí, en el Price. Hace mucho, en 1933.

PAYASO: ¿Los artistas de circo resucitan?

PINITO: Un trapecista es siempre todos los trapecistas y un payaso es siempre todos los payasos. Si te vas, los traicionas a todos.

PAYASO: Pero tú también te fuiste.

PINITO: Pero no renegué. No deberías salir de aquí con el corazón repleto de amargura, no es justo. Hay que seguir intentándolo, llevas dentro de ti siglos de lucha acumulada, de afán de supervivencia. Las dificultades de hoy no son peores que las de otro tiempo, simplemente son distintas y hay que aprender a adaptarse, es el nuevo alehop, la nueva cabriola, el reto que superar. El circo tiene que reinventarse cada día.

De repente la orquesta ataca con una música alegre y estruendosa al tiempo que entra el JEFE DE PISTA *y sale* PINITO.

JEFE DE PISTA: ¡Señoras y señores! ¡Bienvenidos al gran espectáculo del mundo! ¡Hoy veremos el más difícil todavía! ¡Asistiremos a la reinvención de un payaso! ¡Con todos ustedes, el payaso que quería dejarlo... pero no lo hará!

Se detiene la música y se detiene el JEFE DE PISTA.
Silencio.

PAYASO: Acaba de romper usted un momento mágico.
   Estaba hablando con ella.

JEFE DE PISTA: ¿Con quién?

PAYASO: Con Pinito del Oro.

JEFE DE PISTA: ¿Está seguro de que era ella?

PAYASO: Fue usted quien lo dijo.

JEFE DE PISTA: Pero usted no se cree nada. ¿O sí?

PAYASO: Hay veces que uno necesita creer.

JEFE DE PISTA: Hubo un momento en el que la confundió con su madre.

PAYASO: ¡Ha vuelto a escuchar!

JEFE DE PISTA: Yo siempre escucho. Está usted hecho un verdadero lío.

PAYASO: ¿Qué sabrá usted?

JEFE DE PISTA: Yo lo sé todo, hasta lo que sueña.

PAYASO: Eso no lo sé ni yo.

JEFE DE PISTA: Sueña con circos, no puede evitarlo. Como Arturo Castilla.

PAYASO: ¿Qué tiene que ver él con todo esto?

Va hacia el montón de fotos, recoge una y se la enseña, al tiempo que la vemos proyectada en la pantalla.

Jefe de pista: Quizá le venga bien encontrarse con él.

Payaso: ¿No se cansa nunca?

Jefe de pista: Nunca. ¡Más madera! ¡Señoras y señores, con ustedes, Arturo Castilla!

Vemos entrar a Arturo Castilla *interpretado por el mismo actor que interpretó a Gómez de la Serna.*

Payaso: *(Mirando la foto y comparando).* Su cara me suena.

Castilla: A mí la suya también.

Payaso: ¿Nos hemos visto antes?

Castilla: Tenemos mucho que ver, se lo aseguro.

Payaso: Usted era empresario.

Castilla: En la vida iba disfrazado de empresario, pero lo que siempre quise es ser payaso.

Se coloca una nariz de payaso.

Castilla: ¿Lo ve?

Payaso: Es curioso. Me recuerda usted a Gómez de la Serna.

Castilla: Sí, anda por ahí.

Payaso: Me están tomando el pelo.

Castilla: No, los fantasmas tenemos la misma talla y nos prestamos los trajes.

Payaso: Así que también fue payaso.

CASTILLA: Cuando era muy pequeño mi padre me llevó a ver el Circo Krone, era tan grande que lo tuvieron que instalar en la Campa de los Ingleses, no cabía en cualquier sitio. Esa fue mi primera vez.

PAYASO: Y ahí fue cuando el circo le flechó.

CASTILLA: El circo entra por los ojos y ocupa el corazón entero. Ahí caben todos los circos.

PAYASO: ¿Seguro que no es usted Gómez de la Serna? Eso parece una greguería.

CASTILLA: Piense lo que quiera, está usted en el circo. Como le iba diciendo, aquella noche no pude dormir pensando en lo que había visto, en aquel disparate de lona de colores. Me dormí soñando con el Krone y a partir de entonces no pude soñar más que con circos.

CASTILLA recoge del montón de fotos esparcidas por el suelo una que también vemos en la pantalla.

CASTILLA: Ve, este soy yo. Nos llamábamos «Los hermanos Cape». Aquí estábamos actuando en un sanatorio

PAYASO: ¿Por qué lo hizo?

CASTILLA: ¿Actuar en un sanatorio?

PAYASO: Renegar de su oficio.

CASTILLA: ¿Qué está diciendo?

PAYASO: Usted hizo lo mismo, dejar el *payasismo* para dedicarse a otra cosa.

CASTILLA: Yo no hice nada de eso.

PAYASO: Se atreve a venir a echarme en cara que lo deje cuando usted fue tan desertor como yo. Abandonó un oficio de inútiles, milenario, un oficio para ineptos e incompetentes, improductivo, un puesto de payaso para toda la vida, sin contrato fijo, con inseguridad social, sin pagas extras ni vacaciones pagadas... y lo dejó para ser empresario. Parece que le estoy viendo con la calculadora y la tabla de multiplicar. Dejó de ser payaso para convertirse en un hombre práctico. Y ahora viene aquí a sermonearme, como todos.

CASTILLA: Alguien tenía que sacrificarse y hacer números.

PAYASO: En el circo todos hacemos números.

CASTILLA: Me refiero a la contabilidad.

PAYASO: Hacer un salto mortal, sostener siete mazas en el aire, hacer reír a la gente... Esos son los verdaderos números.

CASTILLA: *(Encarándose con él).* ¿Y hacer un presupuesto de circo? Manejar las cuentas de un circo es de las cosas más difíciles de hacer que uno pueda imaginar. Es andar sobre un alambre a cuarenta metros, sin red y sin arnés. ¿Sabe usted la cantidad de vueltas que tenía que darle a cada peseta? ¿La cantidad de piruetas que había que hacer para pagar los sueldos? ¿Lo que era superar el más difícil todavía para conseguir hacer entrar al público cada noche? ¿Lo peligroso que era encerrarse en el despacho con la fiera amenazante de la bancarrota? Hay veces que acababa muy arañado. Y otras arañaba yo de donde podía. No abandoné, amigo, seguí peleando. No me rajé como está haciendo usted.

PAYASO: ¿Y qué quiere que haga? Solo soy payaso.

CASTILLA: Para soñar un circo nada mejor que serlo. El circo es un negocio onírico, primero hay que soñarlo, pero luego hay que ponerlo en pie. Es el mundo del disparate. Yo lo aprendí de niño y no me olvidé nunca. Luego aprendí también que los disparates son carísimos y muy complicados, pero apechugué.

PAYASO: Sí, sí, pero colgó la nariz.

CASTILLA: ¡Que no colgué nada! El que es payaso lo es para siempre. Usted, por mucho que lo intente, no podrá escapar

PAYASO: No estoy escapando.

CASTILLA: ¿Y cómo le llama a coger su maleta y salir dando un portazo? Enfréntese a los hechos. Esta vida no es fácil, ninguna lo es. Si sale por esa puerta nunca podrá dejar de pensar en nosotros, se arrancará las tripas y andará vacío el resto de su vida. Resista y déjese llevar por lo que siente, por lo que sueña. Siga soñando circos, no lo deje. Son pocos los que son capaces de ese delirio.

PAYASO: ¿Me está llamando loco?

CASTILLA: Le estoy diciendo que el circo es un oficio para locos, un negocio de poetas. ¿Cuánto vale una risa?, ¿cuál es el valor de la emoción que provoca un triple salto?, ¿qué precio tiene el desasosiego que nos produce el funambulista?, ¿cuánto vale el estremecimiento que causa el lanzador de cuchillos o el trapecio volante cuando se nos queda la boca abierta mirándolo? El circo es un negocio, pero también es poesía.

PAYASO: Pero entonces, ¿es usted payaso, poeta, empresario...?

CASTILLA: Soy Jano, un dios con varias caras, el de las puertas que se abren y se cierran. Hoy, cuando todo el mundo pensaba que había desaparecido, me ve usted aquí, pero he venido para decirle que ni el circo ni yo hemos terminado. Jano custodiaba el universo y Arturo Castilla, el Price.

PAYASO: Vaya una manera de custodiarlo. Se lo echaron abajo.

CASTILLA: Una operación bancaria.

PAYASO: Entonces seguro que era una operación de alto riesgo.

CASTILLA: Sí, a vida o muerte. Hice todo lo que pude para salvarlo.

PAYASO: Habría que competir con los bancos e inventar circos que desahuciaran la tristeza.

CASTILLA: Lo pensé, soñé un circo donde se prestara ilusión sin interés, pero me pilló mayor.

PAYASO: ¿Y por qué al morir el Price no dejó usted de soñar?

CASTILLA: Porque con él murió un circo, pero no murió el circo.

PAYASO: ¿Cómo hizo para no rendirse?

CASTILLA: Esa es la pregunta del millón.

PAYASO: Cómo se nota que llevaba las cuentas, siempre hablando de millones.

CASTILLA: Quizá el secreto es que no solo hacía cuentas, también hacía cuentos: fui el creador del «¿qué le dijo?». ¿Qué le dijo el cuadro a la pared?

PAYASO: ¿Eh?

CASTILLA: Perdona que te dé la espalda.

PAYASO: Ah, ahora lo pillo.

CASTILLA: ¿Qué le dijo la luna al sol?... Tan grande como eres y no te dejan salir de noche.

PAYASO: Aaaahh, me gusta.

CASTILLA: ¿Qué le dijo un payaso a su profesor de matemáticas? Lo que mejor me sale es multiplicar por circo.

PAYASO: Aaaaah, me lo apunto.

CASTILLA: ¿Qué le dijo una bombilla a otra?

PAYASO: Estoy fundida.

CASTILLA: Tanto tiempo dando luz y nunca hemos tenido un hijo. Mire, otra: ¿qué le dijo la raíz al árbol?... Tienes la cabeza llena de pájaros.

PAYASO: Esa es como una greguería de Ramón. *(Le mira fijamente. Silencio).* ¿Quién es usted?

CASTILLA: Soy Castilla, soy Ramón, soy todos los hombres y mujeres que han dado su vida por el circo y no abandonaron en ningún momento.

PAYASO: Son todos ustedes una pandilla de chantajistas emocionales.

CASTILLA parece no haber escuchado al PAYASO.

CASTILLA: Piense lo que quiera. A mí me ha quedado claro que, por mucho que diga, sigue siendo un payaso. Y si se va, vivirá fuera de su sitio. Ahora le dejo, tengo que soñar un circo.

PAYASO: ¿Otro?

CASTILLA: En realidad es el mismo de siempre. Esta vez lo llamaré el circo infinito. Adiós, amigo. No se duerma.

Se va. Durante unos instantes el PAYASO vuelve a quedar solo en medio de la pista. Mira a su alrededor. La música vuelve a sonar y entra el JEFE DE PISTA.

JEFE DE PISTA: Todo lo que duerme despierta, y lo que parece muerto podría no estarlo.

PAYASO: ¿Otra vez usted? ¿Qué ha querido decir con eso?

JEFE DE PISTA: Solo lo que he dicho.

PAYASO: ¿Esto está pasando?

VENTRÍLOCUO: ¿Usted qué cree?

PAYASO: No lo sé.

VENTRÍLOCUO: ¿Y qué querría?

El PAYASO no contesta. El JEFE DE PISTA hace una seña a la orquesta, que interpreta una música dulce y misteriosa. Othman lleva a cabo su número ante la mirada del PAYASO. Vemos a Othman elevarse hasta el cielo encaramándose en sus sillas.

PAYASO: En el circo uno nunca sabe si lo que ve es real o se lo inventa.

JEFE DE PISTA: Hay un poco de todo. ¿Entonces?

PAYASO: ¿Qué?

JEFE DE PISTA: ¿Se va o se queda? Si se va, se quedará, porque seguiremos contando la historia del payaso que dejó de creer en el circo y será sin duda un buen número.

PAYASO: ¿Me convertirán en fantasma?

JEFE DE PISTA: Todos nos convertimos en fantasmas. ¿No lo nota? Está en el aire. Surgimos de la oscuridad, de lo profundo de la memoria, habitamos el recuerdo. Allí arriba, en la cocorota, están y estarán todos los que fueron. Solo hay que llamarlos.

PAYASO: Creo que se me está yendo la cabeza.

JEFE DE PISTA: Se le fue hace mucho tiempo. A mí también. A los dos se nos ha ido la cabeza, pero mantenemos vivo el corazón y las entrañas.

PAYASO: Quizá sea eso lo que nos convierte en seres de extrarradio, que hablamos un lenguaje diferente, quizá por eso no nos entienden y piensan que estamos locos.

JEFE DE PISTA: Hablamos desde las tripas y lo más hondo de las entrañas. Muchos ahí fuera creen que es mejor hablar partiendo de la cabeza, pero no se dan cuenta de que lo que hay en ella es muchas veces más repulsivo.

PAYASO: ¿Quién es usted?

JEFE DE PISTA: En cierto modo soy usted. Todos los artistas de circo somos uno. Estamos atravesados por el mismo espíritu. Todos viajamos en su maleta. Yo también tengo la mía y también me canso a veces, y hay días que quisiera abandonar, pero... *(Abre un baúl lleno de muñecos)*. Mire, parecen dormidos, hay quien diría que están muertos, pero basta que los despierte...

Saca un muñeco.

Payaso: ¿Qué hace?

Jefe de pista: Voy a hablarle desde el corazón.

Payaso: ¡¿Es usted ventrílocuo?!

Jefe de pista: A veces mi cabeza también me lleva a pensar que el circo no vale la pena, pero desde el lugar en el que habitan todas las voces siempre llega alguna que me recuerda que sí.

Payaso: He visto morir demasiados circos.

Jefe de pista: Cada circo que muere es una semilla; cada artista que desparece inspira y da a luz a los que vienen. Cuántos payasos han nacido de Rivel, de Ramper, de los Tonetti, de Pompoff y Teddy o los Aragón, de Marcelino... Cuántas trapecistas alumbró Pinito o Miss Mara...

Al tiempo que los nombra van apareciendo en la pantalla las imágenes de todos estos artistas. El Jefe de pista hace una seña a la orquesta. Suena una melodía muy suave. Va sacando de su baúl distintos muñecos con los que habla: Rivel lanza su aullido, Castilla habla del circo infinito que está soñando, Pinito le cuenta que nunca se retiró, que lo del Price era una broma, que siempre estará volando sobre nosotros. Cuando termina este diálogo entre los distintos muñecos y el ventrílocuo, este vuelve a dirigirse al Payaso.

JEFE DE PISTA: Los ingenuos creen que yo pongo voz a estas figuras/personajes, pero no es verdad, son ellos/ellas las/los que hablan, y siempre dicen lo que piensan.

PAYASO: Solo son muñecos.

En distintos lugares de la grada vacía irán apareciendo los personajes que le han visitado: RAMÓN, PINITO, DAJA-TARTO.

RAMÓN: Es cierto, solo somos muñecos.

PINITO: Nos has convencido. Ahora hablamos por ti.

DAJA-TARTO: Tienes razón: el circo duele, incluso a mí. Lo dejamos.

RAMÓN: Sí, no daremos más la lata. Vámonos todos a casa. Abandonemos el circo antes de que se hunda como el Titanic.

PINITO: Nos vamos contigo. Tienes razón, el circo no sirve para nada.

PAYASO: Usted no puede decir eso.

RAMÓN: Es la verdad.

PAYASO: ¡Ramón, tú tampoco puedes!

DAJA-TARTO: Llevas toda la noche intentando convencernos.

RAMÓN: Y lo has conseguido.

Payaso: No me carguéis con esa responsabilidad. Yo no quería llegar tan lejos.

Pinito: Eres tú quien ha dicho todas esas cosas.

Payaso: Pero solo hablo por mí.

Ramón: Somos responsables de lo que decimos.

Daja-Tarto: Eso es, hazte responsable de tus puñales.

Payaso: ¡Que solo hablo por mí!

Pinito: Lo que decimos afecta. Si tú dices eso, todos decimos eso.

Payaso: No, no, un momento. Silencio. Me quedo. Me quedo.

Jefe de pista: Lo que pasa en el circo se queda en el circo. Lo que pasa en la pista es lo que ustedes quieren que pase. Son ustedes quienes nos inventan, quienes hablan por nosotros. Ustedes son los ventrílocuos, son los jefes de pista. Los artistas de circo no existiríamos si no fuera porque ustedes nos crean.

Ustedes nos hacen hablar y gesticular en la pista, nos inventan y nos dan vida, nos hacen volar en la cúpula, lanzan los cuchillos y hacen malabares con el asombro, los payasos son solo títeres que se mueven con la música de la risa que ustedes componen.

Payaso: Le está copiando sus greguerías, don Ramón.

Ramón: Mis greguerías no son mías. Están en la boca del ventrílocuo y el circo está en la boca del público. El ventrílocuo habla por mi boca y yo hablo por la suya, y juntos nos creamos mutuamente.

PAYASO: No acabo de entenderlo con la cabeza, pero creo que empiezo a entenderlo con las tripas. Se me están llenando de mariposas.

JEFE DE PISTA: ¡Mire, mire ahí! Una mariposa se le ha escapado del estómago y se ha ido a la cocorota.

El JEFE DE PISTA invita al público a mirar hacia arriba, donde vemos a una funambulista a punto de empezar su número.

JEFE DE PISTA: Está ahí para que la inventemos.

A una señal del JEFE DE PISTA la orquesta interpreta una nueva melodía y la funambulista lleva a cabo su número. A medida que avance por el alambre, la cúpula se irá llenando de estrellas. Cuando acaba, el JEFE DE PISTA vuelve a tomar la palabra.

JEFE DE PISTA: *(A PINITO).* ¿Le ha gustado?

MUÑECO PINITO: Es muy hermoso ver que el aire sigue estando habitado de mariposas que salen del estómago. *(Se dirige a la funambulista).* Baje, tenemos que hablar de muchas cosas.

*La funambulista desciende de las alturas como lo
haría una mariposa. El* JEFE DE PISTA *sigue
hablando con los muñecos.*

JEFE DE PISTA: Y a usted, señor Castilla, ¿qué le parece
todo esto?

MUÑECO CASTILLA: Este es el circo que sigo soñando y
al que están todos ustedes permanentemente invi-
tados, ya se instale en la Plaza del Rey, en la Ronda
de Atocha o en cualquier plaza o descampado... El
circo estará siempre donde lo inventemos.

*El ventrílocuo hace una señal a la orquesta. Suenan
las primeras notas de una canción que cantarán
todos. La canción la empezará a cantar el* JEFE DE
PISTA *con los músicos y tendrá un estribillo sencillo
al que irán incorporándose el resto de los artistas y el
propio público.*

ÍNDICE

DESEO DE SER CIRCO
María Folguera, 9

PRESENTACIÓN
Aránzazu Riosalido, 13

EL CIRCO
Ensayo alucinado
Pepe Viyuela, 19

PRESENTACIÓN DE LOS PERSONAJES
Ángel Idígoras, 41

MIL NOVECIENTOS SETENTA SOMBREROS, 55

MÁS LIBROS:
www.pepitas.net

BIOGRAFÍA

JAIME DE ARMIÑÁN

DEL [pepitas] CIRCO